Nossa Senhora das Lágrimas

Elam de Almeida Pimentel

Nossa Senhora das Lágrimas

Novena e ladainha

EDITORA
VOZES

Petrópolis

© 2023, Editora Vozes Ltda.
Rua Frei Luís, 100
25689-900 Petrópolis, RJ
www.vozes.com.br
Brasil

Todos os direitos reservados. Nenhuma parte desta obra poderá ser reproduzida ou transmitida por qualquer forma e/ou quaisquer meios (eletrônico ou mecânico, incluindo fotocópia e gravação) ou arquivada em qualquer sistema ou banco de dados sem permissão escrita da editora.

CONSELHO EDITORIAL

Diretor
Volney J. Berkenbrock

Editores
Aline dos Santos Carneiro
Edrian Josué Pasini
Marilac Loraine Oleniki
Welder Lancieri Marchini

Conselheiros
Elói Dionísio Piva
Francisco Morás
Gilberto Gonçalves Garcia
Ludovico Garmus
Teobaldo Heidemann

Secretário executivo
Leonardo A.R.T. dos Santos

Editoração: Maria da Conceição B. de Sousa
Diagramação: Sheilandre Desenv. Gráfico
Revisão gráfica: Fernando Sergio Olivetti da Rocha
Capa: WM design

ISBN 978-65-5713-950-9

Este livro foi composto e impresso pela Editora Vozes Ltda.

Sumário

1 Apresentação, 7

2 Histórico da devoção de Nossa Senhora das Lágrimas, 9

3 Novena de Nossa Senhora das Lágrimas, 12
- 1º dia, 12
- 2º dia, 13
- 3º dia, 15
- 4º dia, 16
- 5º dia, 17
- 6º dia, 18
- 7º dia, 20
- 8º dia, 21
- 9º dia, 22

4 Orações a Nossa Senhora das Lágrimas, 24

5 Ladainha de Nossa Senhora das Lágrimas, 27

6 Coroa ou Rosário de Nossa Senhora das Lágrimas, 30

Apresentação

A devoção a Nossa Senhora das Lágrimas se deve a curas milagrosas de doenças graves como cânceres e cardíacas, mentais e emocionais: ansiedade, depressão e traumas.

Essa devoção teve origem na cidade de Siracusa, na Itália, no século XV. No Brasil, teve início na década de 1930, na cidade de Campinas.

Na Europa, na América do Norte e na América do Sul há igrejas e capelas dedicadas a Nossa Senhora das Lágrimas. Sua imagem é retratada em obras de arte, incluindo pinturas, esculturas e medalhas. Ela é mencionada em músicas, poemas e outras formas de expressão cultural.

Em Siracusa, a Igreja de Nossa Senhora das Lágrimas possui relíquias relacionadas à devoção, com vasos que contêm as lágrimas da imagem e fragmentos da túnica de Nossa Senhora. As lágrimas da imagem são interpretadas como um sinal da presença divina para a devoção e a fé. A festa litúrgica de Nossa Senhora das Lágrimas é realizada em 8 de março.

Este livrinho contém a história da devoção, novena, orações, ladainha e a coroa/rosário a ela dedicadas. Apresenta também breves passagens dos Salmos e dos Evangelhos, seguidas de uma oração para o pedido da graça especial, que acompanham um Pai-nosso, uma Ave-Maria e um Glória-ao-Pai.

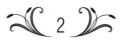

Histórico da devoção de Nossa Senhora das Lágrimas

Nossa Senhora das Lágrimas é uma das invocações marianas referentes à Virgem Maria, cuja origem foi atribuída às aparições recebidas pela Irmã Amália de Jesus Flagelado na Capela do Convento da Congregação das Irmãs Missionárias de Jesus Crucificado, situada em Campinas.

A religiosa Amália Aguirre nasceu em Riós – Comunidade de Galiza, Espanha, perto da fronteira com Portugal – no dia 22 de julho de 1901. Sua família, por motivos econômicos, veio para o Brasil, fixando residência em Campinas. Amália permaneceu na Espanha com sua avó, que estava doente. Após a morte desta, ela também veio para o Brasil, chegando em Campinas no dia 16 de junho de 1919.

Amália entrou para a Congregação das Irmãs Missionárias de Jesus Crucificado –

fundada por Dom Francisco de Campos Barreto, bispo de Campinas, e Madre Maria Villac –, sendo uma das primeiras irmãs. Fez seus votos perpétuos em 8 de dezembro de 1931.

Relata a devoção que na Capela da Avenida Benjamin Constant, n. 1.334 (esquina com a Rua Luzitana, n. 1.331), em Campinas, Irmã Amália de Jesus Flagelado teve visões da Virgem Maria e também de Jesus Cristo, recebendo mensagens de oração, sacrifício e penitência.

Nossa Senhora, segundo a devoção, apresentou-se à religiosa como sendo Nossa Senhora das Lágrimas, em 8 de março de 1930, revelando-lhe a Coroa (ou Rosário) das Lágrimas. Naquela mesma noite, Nossa Senhora teria revelado à Irmã Amália uma medalha milagrosa, a medalha da evocação às suas lágrimas, e lhe pediu que, juntamente com a coroa (ou rosário), a difundisse pelo mundo.

A medalha traz cunhada no lado frontal a imagem de Nossa Senhora das Lágrimas entregando a Coroa (ou Rosário) das Lágrimas à Irmã Amália, exatamente como aconteceu na aparição de 8 de março de 1930, com as palavras: "Ó Virgem dolorosíssima, as vossas lágrimas derrubaram o império infernal". No verso, a medalha traz cunhada a imagem de Jesus Manietado; ou seja, com as mãos amarradas durante a sua Paixão, com as palavras: "Por vossa mansidão divina, ó Jesus Manietado, salvai o mundo do erro que o ameaça".

Em 8 de março de 1932, o bispo de Campinas, Dom Francisco de Campos Barreto, reconheceu a veracidade das aparições à Irmã Amália de Jesus Flagelado e autorizou o *Imprimatur* – publicações das mensagens recebidas pela Irmã Amália e das orações da Coroa (ou Rosário) de Nossa Senhora das Lágrimas. Em fevereiro de 1934, uma carta episcopal reforçou a importância desta devoção. Porém, permaneceu desconhecida durante décadas.

A religiosa faleceu na cidade de Taubaté em 18 de abril de 1977. Em 2017 foi fundado o Apostolado Internacional de Nossa Senhora das Lágrimas.

Novena de Nossa Senhora das Lágrimas

1º dia

Iniciemos com fé este primeiro dia de nossa novena, invocando a presença da Santíssima Trindade: em nome do Pai e do Filho e do Espírito Santo. Amém.

Leitura do Evangelho: Lc 1,38

Disse então Maria: "Eis aqui a serva do Senhor. Aconteça comigo segundo a tua palavra".

Reflexão

Nossa Senhora nos ensina a humildade com que devemos viver, segundo a vontade de Deus. Ela confiou totalmente na palavra divina, acreditando que nada é impossível para Deus. Pela fé, Maria penetrou no mistério de Deus e, assim, tornou-se Mãe de Deus e também de todos nós.

Oração
Nossa Senhora das Lágrimas, ensinai-nos a ser humildes, a confiar em Deus, mesmo nas situações mais difíceis. Nossa Senhora das Lágrimas, zelai por... (fale o nome da pessoa que necessita da graça).

Pai-nosso.

Ave-Maria.

Glória-ao-Pai.

Nossa Senhora das Lágrimas, intercedei por nós!

2º dia

Iniciemos com fé este segundo dia de nossa novena, invocando a presença da Santíssima Trindade: em nome do Pai e do Filho e do Espírito Santo. Amém.

Leitura do Evangelho: Lc 1,46-49

> Então Maria disse: "Minha alma engrandece o Senhor e rejubila meu espírito em Deus, meu Salvador, porque

olhou para a humildade de sua serva. Eis que de agora em diante me chamarão feliz todas as gerações, porque o Poderoso fez por mim grandes coisas. O seu nome é santo".

Reflexão

Nesta passagem Maria expressa sua gratidão a Deus por tudo o que Ele fez por ela, reconhecendo que Ele é Poderoso e Santo. É o testemunho da fé e da gratidão de Maria.

Oração

Nossa Senhora das Lágrimas, preciso de vossa ajuda. Iluminai-me para que eu saiba apresentar a Deus meus problemas. Ensinai-me a rezar, a pedir e a agradecer.

Nossa Senhora das Lágrimas, intercedei junto ao vosso querido filho para que eu possa alcançar a graça que a vós suplico (fazer o pedido).

Pai-nosso.

Ave-Maria.

Glória-ao-Pai.

Nossa Senhora das Lágrimas, intercedei por nós!

3º dia

Iniciemos com fé este terceiro dia de nossa novena, invocando a presença da Santíssima Trindade: em nome do Pai e do Filho e do Espírito Santo. Amém.

Leitura do Evangelho: Jo 2,5

Sua mãe disse aos que estavam servindo: "Fazei tudo o que Ele vos disser".

Reflexão

Neste versículo, o Evangelista João apresenta as palavras de Maria durante uma festa de casamento em Caná da Galileia, quando ela pediu a Jesus para ajudar a resolver o problema da falta de vinho. Maria confia em Jesus e sabe que Ele pode fazer algo para ajudar.

Oração

Nossa Senhora das Lágrimas, iluminai-nos para que tenhamos a sabedoria de nos submeter à vontade de Deus em todas as circunstâncias.

Nossa Senhora das Lágrimas, socorrei-me nesta hora de aflição, alcançando-me a graça de que tanto necessito (fazer o pedido).

Pai-nosso.

Ave-Maria.

Glória-ao-Pai.

Nossa Senhora das Lágrimas, intercedei por nós!

4º dia

Iniciemos com fé este quarto dia de nossa novena, invocando a presença da Santíssima Trindade: em nome do Pai e do Filho e do Espírito Santo. Amém.

Leitura do Evangelho: Jo 14,6

> Eu sou o Caminho, a Verdade e a Vida.

Reflexão

Jesus afirma que Ele é o Caminho, que não existe atalhos. Ele é a Verdade, pois venceu a morte, ressuscitou para nos dar a vida eterna. Jesus é a Vida que nos leva ao relacionamento com Deus.

Oração

Nossa Senhora das Lágrimas, ajudai-me a estar sempre no caminho indicado por Jesus. Concedei-me a graça de que tanto necessito... (falar a graça que deseja alcançar).

Pai-nosso.

Ave-Maria.

Glória-ao-Pai.

Nossa Senhora das Lágrimas, intercedei por nós!

5º dia

Iniciemos com fé este quinto dia de nossa novena, invocando a presença da Santíssima Trindade: em nome do Pai e do Filho e do Espírito Santo. Amém.

Leitura bíblica: Sl 22,4

> Ainda que eu ande por um vale de espessas trevas, não temerei mal algum, porque Tu estás comigo.

Reflexão
Esta passagem bíblica nos faz pensar que, ainda que passemos por situações difíceis, sempre recebemos proteção divina. Acreditando que Deus cuida de nós em qualquer circunstância, não temeremos mal algum.

Oração
Nossa Senhora das Lágrimas, ajudai-nos a escutar a Deus e a viver de acordo com os seus ensinamentos. Deposito em vós minha confiança e espero alcançar a graça que vos peço... (falar a graça que deseja alcançar).

Pai-nosso.

Ave-Maria.

Glória-ao-Pai.

Nossa Senhora das Lágrimas, intercedei por nós!

6º dia
Iniciemos com fé este sexto dia de nossa novena, invocando a presença da Santíssima Trindade: em nome do Pai e do Filho e do Espírito Santo. Amém.

Leitura bíblica: Sl 139,9-10

Se me apossar das asas da aurora e for morar nos confins do mar, também aí tua mão me conduz, tua destra me segura.

Reflexão

Nossa Senhora é cheia de graça. Dela nasceu aquele que é o Caminho, a Verdade e a Vida. Ela está sempre presente, intervindo junto ao Pai por todos nós. Ela é nosso escudo e defesa.

Oração

Nossa Senhora das Lágrimas, em vós confio e recorro neste momento difícil, para que me ajudeis a... (falar o problema e pedir a graça desejada).

Pai-nosso.

Ave-Maria.

Glória-ao-Pai.

Nossa Senhora das Lágrimas, intercedei por nós!

7º dia

Iniciemos com fé este sétimo dia de nossa novena, invocando a presença da Santíssima Trindade: em nome do Pai e do Filho e do Espírito Santo. Amém.

Leitura bíblica: Sl 40,1

> Esperei confiante no Senhor. Ele se inclinou para mim e ouviu o meu clamor.

Reflexão

Este versículo deixa clara a presença divina em nossa vida. O Senhor está perto de nós em todos os momentos e ouve as nossas súplicas, atendendo-nos na hora certa.

Oração

Nossa Senhora das Lágrimas, iluminai-me para que eu saiba esperar em Deus, para não agir precipitadamente.

Nossa Senhora das Lágrimas, deposito em vós toda a minha confiança, esperando alcançar a graça que vos peço... (falar a graça que deseja alcançar).

Pai-nosso.
Ave-Maria.
Glória-ao-Pai.
Nossa Senhora das Lágrimas, intercedei por nós!

8º dia

Iniciemos com fé este oitavo dia de nossa novena, invocando a presença da Santíssima Trindade: em nome do Pai e do Filho e do Espírito Santo. Amém.

Leitura do Evangelho: Mt 28,20

Eis que estou convosco todos os dias, até o fim do mundo.

Reflexão

Jesus estará sempre conosco, não importa a situação que estejamos enfrentando. Ele não nos abandona.

Oração

Nossa Senhora das Lágrimas, vós que também sois luz para a humanidade, pois sempre vos mantivestes fiel ao plano de Deus, ajudai-nos a estar sempre confiantes no Todo-poderoso.

Nossa Senhora das Lágrimas, concedei-me a graça de que no momento tanto necessito... (falar a graça que deseja alcançar).

Pai-nosso.

Ave-Maria.

Glória-ao-Pai.

Nossa Senhora das Lágrimas, intercedei por nós!

9º dia

Iniciemos com fé este nono dia de nossa novena, invocando a presença da Santíssima Trindade: em nome do Pai e do Filho e do Espírito Santo. Amém.

Leitura do Evangelho: Mt 6,12

Perdoa-nos as nossas ofensas, assim como nós perdoamos aos que nos ofenderam.

Reflexão

Perdoar os outros é um ensinamento de Jesus. Esta passagem do Evangelista Mateus deixa claro que o perdão de Deus é inseparável da nossa vontade de perdoar os outros.

Oração

Nossa Senhora das Lágrimas, ajudai-me a pedir perdão às pessoas que magoei, procurando alcançar a minha paz interna, a paz com os outros e com Deus.

Nossa Senhora das Lágrimas, a vós entrego todos os meus problemas e angústias. Vinde em meu socorro, alcançando a graça de que muito necessito... (mencionar a graça que deseja alcançar).

Pai-nosso.

Ave-Maria.

Glória-ao-Pai.

Nossa Senhora das Lágrimas, intercedei por nós!

Orações a Nossa Senhora das Lágrimas

Oração 1

Nossa Senhora das Lágrimas, mãe da bondade e da misericórdia, olhai com ternura para nós, vossos filhos.

Nós pedimos a vossa bênção e proteção constantes.

Agradecemos-vos por todas as graças já recebidas e por todas aquelas que ainda alcançaremos.

Nós louvamos e agradecemos a Deus por serdes nossa mãe e por estardes sempre conosco.

Pedimos vossa intercessão para... (pedir a graça desejada).

Oração 2

Oh! Mãe de Jesus e nossa Mãe, cheia de piedade. Quantas lágrimas derramastes no curso de vossa vida.

Vós que sois Mãe, compreendeis perfeitamente a angústia de meu coração, que ainda se sente indigno de vossa misericórdia. Impelis-me a recorrer ao vosso coração de Mãe com confiança de filho.

Vosso coração, sempre rico em misericórdia, abriu-se como uma nova fonte de graças nestes tempos de tantas misérias.

Do profundo de minha baixeza elevo a vós a minha pobre voz.

Ó Mãe bondosa, a vós recorro. Mãe cheia de piedade, imploro-vos o bálsamo consolador de vossas lágrimas e de vossas graças sobre o meu coração acabrunhado pela dor.

Vosso pranto materno dá-me a esperança de que haveis de me escutar benignamente.

Ó Coração de Maria, obtende-me de Jesus aquela fortaleza com que suportastes as grandes penas de vossa vida, a fim de que eu possa cumprir sempre, com resignação cristã e em meio à dor, a vontade divina.

Propiciai-me, ó Doce Mãe, que cresça a minha esperança, e se for conforme a vontade divina, alcançai-me, por vossas lágrimas imaculadas, a graça que, com tanta fé e viva esperança, peço-vos agora... (mencionar a graça).

Ó Virgem das Lágrimas, vida, doçura e esperança minha, em vós deposito, hoje e para sempre, toda a minha confiança.

Ladainha de Nossa Senhora das Lágrimas

Senhor, tende piedade de nós.
Jesus Cristo, tende piedade de nós.
Senhor, tende piedade de nós.

Jesus Cristo, ouvi-nos.
Jesus Cristo, atendei-nos.

Pai Celeste, que sois Deus, tende piedade de nós.
Deus Filho, redentor do mundo, tende piedade de nós.
Deus, Espírito Santo, tende piedade de nós.
Santíssima Trindade, que sois um só Deus, tende piedade de nós.

Santa Maria, Mãe de Deus, rogai por nós.
Santa Maria, Rainha dos Mártires, rogai por nós.

Nossa Senhora das Lágrimas, rogai por nós.

Nossa Senhora das Lágrimas, Virgem puríssima, rogai por nós.

Nossa Senhora das Lágrimas, Mãe santíssima, rogai por nós.

Nossa Senhora das Lágrimas, Mãe querida, rogai por nós.

Nossa Senhora das Lágrimas, Mãe protetora, rogai por nós.

Nossa Senhora das Lágrimas, Mãe dos aflitos, rogai por nós.

Nossa Senhora das Lágrimas, Mãe de paz, rogai por nós.

Nossa Senhora das Lágrimas, Mãe poderosa, rogai por nós.

Nossa Senhora das Lágrimas, Mãe do céu, rogai por nós.

Nossa Senhora das Lágrimas, Mãe piedosa, rogai por nós.

Nossa Senhora das Lágrimas, Mãe do amparo, rogai por nós.

Nossa Senhora das Lágrimas, Mãe consoladora, rogai por nós.

Nossa Senhora das Lágrimas, Mãe protetora dos enfermos, rogai por nós.
Nossa Senhora das Lágrimas, Auxiliadora nos momentos de aflição, rogai por nós.
Nossa Senhora das Lágrimas, Rainha da paz, rogai por nós.

Cordeiro de Deus, que tirais o pecado do mundo, perdoai-nos, Senhor.
Cordeiro de Deus, que tirais o pecado do mundo, ouvi-nos, Senhor.
Cordeiro de Deus, que tirais o pecado do mundo, tende piedade de nós, Senhor.

Jesus Cristo, ouvi-nos.
Jesus Cristo, atendei-nos.

Rogai por nós, Nossa Senhora das Lágrimas, para que sejamos dignos das promessas de Cristo.

Coroa ou rosário de Nossa Senhora das Lágrimas

A coroa ou rosário que Nossa Senhora entregou à Irmã Amália tinha 49 contas brancas, divididas em sete grupos de sete contas, separadas por uma conta maior.

Tinha ainda três contas finais e uma medalha com a imagem de Nossa Senhora das Lágrimas, de um lado, e a imagem de Jesus Manietado, do outro.

Como rezar

Nas contas maiores reza-se: "Vede, ó Jesus, que são as lágrimas daquela que mais vos amou na Terra e que mais vos ama no céu".

Nas contas menores: "Meu Jesus, ouvi os nossos rogos, pelas lágrimas de Vossa Mãe Santíssima".

Ao final, reze três vezes esta oração, nas três contas finais: "Vede, ó Jesus, que são as lágrimas daquela que mais vos amou na Terra e que mais vos ama no céu".

Oração final
Virgem Santíssima e Mãe das Dores, nós vos pedimos que junteis os vossos rogos aos nossos, a fim de que Jesus, vosso Divino Filho, a quem nos dirigimos em nome das vossas lágrimas de mãe, ouça as nossas preces e nos conceda, com as graças que desejamos, a coroa eterna. Amém.

Jaculatórias finais (reze contemplando e beijando a medalha).
• Por vossa mansidão divina, ó Jesus Manietado, salvai o mundo do erro que o ameaça!
• Ó Virgem Dolorosíssima, as vossas lágrimas derrubaram o império infernal.

Conecte-se conosco:

- **f** facebook.com/editoravozes
- **◯** @editoravozes
- **𝕏** @editora_vozes
- **▶** youtube.com/editoravozes
- **◯** +55 24 2233-9033

www.vozes.com.br

Conheça nossas lojas:
www.livrariavozes.com.br

Belo Horizonte – Brasília – Campinas – Cuiabá – Curitiba
Fortaleza – Juiz de Fora – Petrópolis – Recife – São Paulo

EDITORA VOZES LTDA.
Rua Frei Luís, 100 – Centro – Cep 25689-900 – Petrópolis, RJ
Tel.: (24) 2233-9000 – E-mail: vendas@vozes.com.br